아무도 가르쳐 주지 않는 밤

정경이 시집

상상인 시인선 093

그날 밤

낡은 목선 하나가

아주 먼 이야기를 가득 싣고

*본문 페이지에서 한 연이 첫 번째 행에서 시작될 때에는 〈 표기를 합니다.
*저자의 의도에 따라 작품의 보조 동사와 합성 명사는 띄어쓰기가 달라질 수 있습니다.

시인의 말

생의 반나절이
씻김의 의식 안으로 들어왔다
씻겨나가는 것은
눈물만이 아니었다
생의 경계에 선 노래.

혼돈의 바람은
정화수처럼 맑아졌다
남은 이도, 떠난 이도
잠시 후련해진 밤,
아무도 가르쳐 주지 않는 밤.

2025년 11월
정경이

차례

1부 집어등처럼 환한 웃음소리

뒷모습에 대한 변주	19
동백꽃	20
푸른 바다의 전설	21
흑산도 열두 굽잇길	22
잎이 떨어지는 것은	24
간격	25
네모 안의 동그라미	26
그 섬의 허벅지가 곱다 1	27
식기 전에 배달해야 할 꿈	28
서산동에서	29
발자국은 길을 묻지 않는다	30
그 섬의 허벅지가 곱다 2	32
너를 향한 중력	33
영암호에서	34
홍매화에게 묻다	36
흐리게 바라보기	38
푸른 겨울	39

2부 아주 먼 이야기를 가득 싣고

집 43
북교동 예술인 골목 44
진도댁 46
푸른 눈동자가 걸린 나무 48
유달산 밤 벚꽃 49
도초도 수국정원으로 가는 길 50
못 52
귤을 까면서 53
버렸지요, 당신 54
낮달 55
성자동 그 집 56
허벅지를 꼬집다 57
맞다 58
그 섬의 허벅지가 곱다 3 59
어머니, 물을 건너셨군요 60
아침 한 그릇 61
다산, 라면을 끓이다 62
조용한 마음 63

3부 남겨진 온기는 어디에 두어야 할까

홍어 한 점	67
2024 무정란의 봄	68
능소화, 곡선에 기대어	69
한 사람이 다녀간 흔적	70
말없이 지나간 날	72
즈음	73
목화 씨앗	74
가둘 수 없는 것	75
사랑하더라도	76
지금 무얼 하고 있을까	78
하얀 나비	80
다시 하루	82
섬의 발을 씻긴다	83
갈증	84
폐가에서	85
따뜻한 기척	86
고독한 소음	87

4부 지금은 스스로 익어가는 시간

기다림의 말	91
온기가 필요해	92
조금만 더 견뎌보라던	93
익어가는 시간	94
씻김굿	95
맺힘	96
생솔가지 타는 냄새	97
구용해아파트 308호	98
차마,	100
잊을 때 끝나는 것들	101
파도에게 안부를 묻다	102
연못 속 잉어 한 마리	104
영혼의 물집	105
물항아리	106
눈사람 같은 애인	107
풍등 켜는 밤	108
우이도 연가	109
슬픔도 고체가 되나요	110
맑은 날	111

해설 _ 보이지 않는 것들을 바라보는 두 가지 방법　　113
황정산(시인, 문학평론가)

1부

집어등처럼 환한 웃음소리

뒷모습에 대한 변주

등은 뭉클하다
굴곡진 문장들이 새겨져 있다
등을 헤아리다
눈이 흐려지는 것을 알았다
진실은 언제나 등 뒤에서 빛난다

온몸이 흔들려도
이른 새벽 대문을 나서는 여인의 등허리
돌아와 밥을 짓고 설거지를 하는
지친 하루를 품고 누운
몹시 굽은, 고단한 등허리에서

어느 사막에선가 만난
낙타의 눈빛이 반짝인다

생의 등뼈는 곡선이다

동백꽃

찬란하게 사랑하다
흐트러짐 없이
툭,

빨간 십자가 수북하다
썩어 문드러질 때까지
경건하게 엎드려
발등에 입을 맞춘다

차디찬 설원
언 발끝을 감싸는
따스한 기도

겨울의 적막도
날카로운 바람의 한숨도
너에게 무릎을 꿇는다

그대
또 어느 산기슭에서
촛불을 켜고 있는가

푸른 바다의 전설

환한 보름달이 뜨면
흑산도 앞바다에는
바글바글 우럭이 몰려와
개구리 울음소리가 바다를 채웠더란다

전장포 앞바다에서는
바구니로 바닷물을 뜨면
한가득 조기가 찼더란다

완도 앞바다는
찬 바람 부는 가을
전어 떼가 몰려오면
온바다가 은빛이더란다

그 물 좋은 것들은 어디로 떠나보내고
너 혼자만 푸르냐
헐렁한 가슴, 멍이 들어 푸르냐

흑산도 열두 굽잇길

바람이 붑니다
길을 걷습니다
가파른 열두 굽잇길
바위와 나무, 풀잎 곁을 돌아
굽이굽이 흐르는 길
돌아돌아 하늘로 향하는 먼 길

한 굽이 지나 길의 심장에
손을 얹고
또 한 굽이 지나 길의 눈물을
닦아줍니다

가로막는 굴곡을 걷어내고
곧게 내달렸다면
엎드려 우는 생도
눈부셨을까요

바위 나무 풀잎에게
길을 비켜주고
비에 젖어 가는 길
곁의 생이 아플까 봐

슬픈 영혼 안고 가는 길

길 위에 서 있는 나는
지금 어디쯤일까요
목적 없이 걸으면
길을 잃지 않을까요

잎이 떨어지는 것은

잎이 떨어지는 것은
나무의 몸속 어딘가에서
누군가 툭, 툭, 발길질하기 때문이다
낡은 계절을 털어내고
새봄을 기다리는 경쾌한 발길질

잎이 떨어지는 것은
나무의 가슴 속에
뿔이 자라고 있기 때문이다
쿵, 쿵, 번뇌도 들이받고
한숨도 들이받고
허망한 잎사귀들 떨쳐버리고
가볍게 살라고, 빈 가지로 살라고

잎이 떨어지는 것은
누군가 나무를 간지럽히기 때문이다
깔깔깔 한바탕 웃음으로 털어버리라고
홀홀 털어버리라고

간격

네가 보고 싶을 때면
나는 바다로 간다
지느러미를 흔들며
그리움이 내게로 온다
바다 기슭에 몸을 부딪치며
달려온 너의 길은
얼마나 쓰리고 아팠을까
그 길 따라 바람이 불고 비가 내린다

바다의 눈시울 붉게 물들고
어둠이 파도를 덮치면
끝내 숨길 수 없는 거친 기침 소리
앓아누운 마음을 달래며
난 또 떠나야 한다

저만치 있는 그대
먼 곳에 있어 그리운

네모 안의 동그라미

뒤를 돌아봐 직선뿐이야
꼭짓점 너머에 너를 두고
난 기어이
다른 꼭짓점을 향해 가려 해

보이지 않으니까 보고 싶지 않아
잘 가라 토막 난 마음들아
서러웠던 시간들아
저 꼭짓점만 넘으면
널 잊을 수 있을 거야

그런데 참 이상하지
나는 자꾸
동그라미가 되고 싶은 거야
네 곁으로 굴러가고 싶은 거야
너는 쓰레기라고 말하면서
냄새 나는 널 안고 싶은 거야
더러운 사랑에
익숙해져 버린 거야

빼앗기는 것보다
버리는 게 더 어려워

그 섬의 허벅지가 곱다 1

조개껍질처럼 휜 등이
아름다운 여자는
허벅지를 걷어붙이고
섬 자락 시린 봄을 캔다
캄캄한 펄 속
한숨에 찍혀 상처 난 속살,
바닷물이 밀려올 때마다
따갑고 쓰라려 눈물 토해낸다
여자의 얼굴이 슬퍼서 바다는 짜다

오래전 바다가 돼버린 아버지는
가슴의 할 말 하얗게 물고
파도가 되어 찾아온다
한마디 못 하고 허벅지에서
철썩 부서지고 마는
물거품 같은 사랑

쉼 없이 밀려오는 파도에
부끄러워 시린 허벅지,
빨간 꽃물 들고
섬의 허벅지에서 수줍은 살냄새가 난다

식기 전에 배달해야 할 꿈

잠을 설치고
다시 버스를 기다린다
내겐 식기 전에
배달해야 할 꿈이 있다

첫 출근하던 새벽
퉁퉁 부어오른 딸아이의 눈,
흘러내린 눈물 닦아주며
라면 부스러기를
달콤한 사탕처럼 쥐여 주었다
가슴에 얼굴을 파묻고
떨어질 줄 모르던 딸의 모습을
무능한 죄책감으로 윽박지르며
잠든 꿈을 흔들어 깨웠지

그리고 다시 버스를 기다린다
따끈한 라면 한 그릇,
오지게 바라보며 먹이고 싶은
희망이 내게 있다

목적지가 분명한 차표 한 장
아직 따뜻하다

서산동에서

집마다 달빛이 켜켜이 쌓이면
가파른 언덕을 넘어오는 사람들

저마다 집으로 스며든다

허기가 몸을 뒤척여 뜸을 들이고
밥 냄새에 세간도 달그락거린다
머리가 떨어져 나간 조기 몇 마리뿐이어도
밥상은 온기 가득하다

집어등처럼 환한 웃음소리
하나둘 꺼지고
생선 궤짝만 한 방에 누워
알알이 박힌 별빛을 덮으면
윗목까지 따스하다

다시, 아침은
바다를 맑게 닦아놓았다
뱃고동 소리
희망을 쓰윽 신어 본다

발자국은 길을 묻지 않는다
- 우항리에서

그곳에 가면 싱싱한 그리움의 지느러미를 달고 있는 발자국을 신어 볼 수 있다 따뜻한 햇살이 발등을 콕콕 쪼는 해변을 따라 달리면 손톱만 한 꽃들이 까르르 웃음 흩뿌리고 갈대들이 뒷걸음질 치며 다정하게 손 흔드는 호숫가, 생기 넘치는 풍경들은 여러 장의 궁금증을 복사한다 궁금증을 살짝 들추면 잔물결이 발을 간지럽히는데도 웃음을 참고 발자국 걸어 나온다 그런데 누가 저렇게 헐렁한 신발을 신고 다녔을까

바위에 박힌 발자국은 서로 부서지지 않기 위해 촘촘히 껴안고 있다 일억만 년이 넘도록 흐트러지지 않은 발자국의 깊이만큼 두터운 사랑, 껴안고 돌이 된 채로 백열등만 한 심장을 찾아 환하게 불 밝히고 있을 심장을 찾아 헤맸는지도 모른다 때론 누울 곳 없는 정신 툭하면 집을 나갔을 것이고, 발자국은 그렇게 호수가 되고 바다가 되고 바위가 되고 다시 길이 되어 일억만 년 밖으로 성큼 나섰는데 생각해 보면 나는 참 어수선한 길을 한 발짝도 벗어나지 못하고 있다

슬그머니 신발을 벗고 발자국 신어 본다 지금
껏 내 발등을 밟고 있던 발자국 하나 얼른 벗
어 놓고 도망치듯 빠져나오는데 커다란 발자국이
깨금발로 따라온다 나도 깨금발로 걷고 있다 우항
리를 벗어날 때쯤 나의 걸음은 경쾌하고 길도 신발을
신고 내 팔짱을 낀다

* 전남 해남군 황산면 우항리 공룡발자국화석지.

그 섬의 허벅지가 곱다 2

붉은 닻을 빠뜨리고 나서야
어둠은 정박한다

허리가 심하게 굽은 작은 섬
웅크린 채 밥을 먹고, 티브이를 본다
막막한 나날들은 혼자서 늙어간다

파도 소리 마루에 올라와
방문을 두드리면
뒤척이는 잠의 손목을 잡고
오래된 시간의 바닷가를 거닌다

두고 떠난 마음이 말을 걸면
봄날의 기억이 옷고름을 푼다

쓸쓸한 눈물 철퍼덕 떨어지고
섬의 발뒤꿈치에서 지느러미가 자란다
그리움에게로 헤엄쳐가는
그 섬의 허벅지가 곱다

너를 향한 중력

창가의 국화 화분
한 곳만 바라본다

애틋한 시선 따라
목이 서서히 비틀리고
허리도, 뿌리도 방향을 튼다

단단한 고통
분명히 바라보아야 할 곳이 있어
방향을 바꾸지 못한다

사랑이여,
영혼의 뼈마디가 뒤틀리고
생의 산맥이 무너진다 해도
고개를 돌릴 수 없다

오직 한 곳만 바라보아야
살 수 있다는 것을
살고 싶어서
목숨 걸고 바라본다는 것을

영암호에서

뒤돌아보지 않아도
보일 것은 보이고
보이지 않는 것은
끝내, 보이지 않는다
새들은 모두 젖은 길을 걸어간다
바삭한 길은
길이 아니다, 사랑이 아니다

길을 잃은 새들은
보폭이 넓은 걸음으로 돌아선다
눈물만큼씩 아픈 똥을 갈기며,
끼룩끼룩
나는 안다 떠나는 마음을
털 빠진 갈대숲은
더 이상 새들에게 말을 걸지 않고

꿇은 지 오래된 무릎이
저려오는 마을
왔던 길을
새들보다 누가 더 잘 기억할까
늙은 추억만

오래된 주소록을 뒤진다
싱거워진 바다에
한 줌 소금으로
뛰어내리지 못하는 사람들

몇몇은 빽빽한 자궁 속으로
수평선을 끌어낭긴다
따라온다 호수의
아가미 낚아챈다, 퍼덕
퍼덕,
착각만 몸을 뒤틀고

* 전남 영암군과 해남군의 경계에 있는 인공호수.

홍매화에게 묻다

매서운 추위가
저 꽃들을 일으켜 세웠다
임자도 홍매화 동산
곱디고운 화엄 앞에서 사진을 찍는다
마음 어귀에 빛이 머문다
이대로 멈춰 살 수 있다면

아직도 널 사랑해서 나는 슬프다
그런 나를 받아들일 수 없어 아프다
그리움의 뼈마디 욱신거려도
너에게 갈 수 없다

영혼을 분갈이해 볼까
나는 홍매화에게 묻는다
너는 얼마나 많은 서릿길을
헤매다 꽃이 되었을까

홍매화는 사진 밖의
나의 손을 잡아당겨 속삭인다

너의 별들과 함께 걸어봐

흐리게 바라보기

어느 날부터인가
앞이 흐릿하다
노안이다
흐린 눈으로 본다

세상은 부드러운 곡선이다
모난 것들은 윤곽을 잃었다
생각의 테두리도 부드러워지고
또렷했던 상처도 희미하다

날 선 진실도
선명해서 잔인했던 과거도
더 이상 나를 찌르지 않는다
흐릿한 경계 넘어
오히려 더욱 분명해지는

이제야 알겠다
흐리다
비로소 환하다

푸른 겨울

눈을 맞으며 선운사에 오른다
눈송이도 옷을 껴입은
앙상한 겨울 숲
푸르디푸른 상사화 잎사귀 무성하다

혼자 피었다 혼자 사라진 꽃무덤 앞에서
인제 그만 푸르러야지
얼마나 많은 다짐을 했을까

눈은 쌓이고
만날 길은 지워졌는데
사랑은 이렇게 끝내는 것이 아니라며
시들 줄도 모르고

퍼렇게 멍든 가슴끼리
가련한 시절을 견디고 있다

2부

아주 먼 이야기를 가득 싣고

집

누에는
겨우 열흘 살다 버릴 집을
창자에서 실을 뽑아 짓는다지요

제비는
여섯 달 머물다 떠날 집을
목이 찢어지도록 침을 모아 싯는다지요

사랑의 집 한 채 지어보지 못한 나는
마음의 창자에서
그리움 한 가닥 뽑지 못하고
심장에 촛불 하나 켜지 못하고

정처 없이
집도 없이

떠돌고 있네요

북교동 예술인 골목

목포의 마음을 두드리면
북교동 예술인 골목이 빗장을 연다
집도, 길도, 나무도
말을 건넨다

과거와 현재가 나란히 걸터앉은 돌담에는
서로 기대며 함께 버텨온
사연이 켜켜이 쌓여 있고
잠들지 않은 별들의 영혼이
아직도 골목길을 걷고 있다

이곳에서 예술은 외롭지 않다
수많은 마음을 흔들며
봄길이 되어 걸어간 사람들,
골목마다 꺼지지 않는 등불을 켜놓았다

길이 끝나지 않는 이곳,
골목 어귀를 돌면
첫사랑 연인이
기다리고 있을 것만 같은

여기,
북교동 예술인 골목

진도댁

설장구 치는 모습이
복사꽃 흔들리듯 고운 진도댁

시집온 지 얼마 안 된 새색시가
살아보겠다고 용달차에 물건을
잔뜩 싣고 달렸더란다
팔리는 것은 없고 속은 타들어 가고
하는 수 없이 고향 동네를 찾았더란다
새끼들하고 먹고 살려니
낯짝이 두꺼워지더란다

그란디
오메, 확 받아부럿소
마을 돌담이 와르르 쏟아지고
차는 벼랑 끝에 서부럿지라
세상이 허물어지는 소리를 들었지라
오메 끝났구나
눈을 질끈 감아 부럿소

정신을 차려보니
삐쩍 마른 늙은 여자가

돌덩이를 질질질 끌고 가서
허물어진 담장을 쌓고 있더란다
어디서 많이 본 모습인디

생의 모서리에 찢겨 온몸이 쓰라려도
별것 아니여 하시던
오메, 우리 엄니!

무너진 돌담 위에
켜켜이 쌓이는
서글프고도 단단한 풍경이
서러운 등짝을 내리치더란다

푸른 눈동자가 걸린 나무

그건, 침묵의 쿠데타
겨우내 몸속에 삼킨 얼음 알갱이로
생살 찢어 푸른 눈동자를 거는 나무는
기다려온 세상이 궁금해서일 거다
나는 안다
저 연둣빛 새잎을 보면
세상을 향해 점점 더 눈이 커지고 또렷해지는
봄 나뭇잎을 보면
분명 제 속에 혁명가를 키우고 있는 것을
수백 개의 시퍼런 눈을 부릅뜨고
세상을 지켜보고 있는 걸 보면

깊은 밤, 달빛에 반짝이는 푸른 눈을 보아라
궐기한 저 눈동자 속에
봄의 심장을 틀어쥔 채
한 치도 물러서지 않는 생이 있다
기어이 어둠을 찢고
다시 써 내려가는
봄나무의 반란을 보아라

유달산 밤 벚꽃

봄밤
달빛을 깨문 밤 벚꽃
애간장 녹아내리도록 곱다

노적봉에서 일주도로를 따라 걷는다
꽃내음 은은하다
천천히 걸어볼까,
밤을 새도 좋겠다

기다리는 애인과의 약속조차
새하얗게 잊은 채
혼자 걷는다

밤 벚꽃잎이 사르르
발등에 떨어진다
어,
혼자가 아니었네

도초도 수국정원으로 가는 길

말하지 않아도
언젠가 알게 될 거야

도초도 수국정원에 가면
수십 개의 꽃송이가 모여
꽃등을 밝히고 있는 걸 볼 수 있어

저기,
가볍게 날아다니는 걸 봐

천천히, 아주 천천히
도초도에 가면 알게 될 거야
여러 마음이 하나로 모여
커다란 꽃등을 켠다는 것을

도초도로 가는 버스정류장에서
널 보았을 때
눈동자에서 수국이
흔들리는 걸 보았어
바람이 분다 흔들려도 좋다
〈

혹시 모든 걸 잊는다 해도
그곳에서 너는
다시 무언가를 알게 될 거야

못

아버지의 가슴에는
못이 너무 많아
오래된 공사판 같다

굵은 대못마다
녹슨 수평선이 걸려 있고
대가리도 꼬리도 잘려버린
아버지의 바다는
뻣뻣하게 말라 간다

아버지의 핏속에는
아직도 비린내가 흐른다

창틈으로 파도 소리가 스며든다
그날 밤
낡은 목선 하나가
아주 먼 이야기를 가득 싣고
떠내려온다

귤을 까면서

시장에서 떨이로 사 온 귤을 까면서 알았네
하얀 실핏줄이 있다는 것을
알맹이를 지키는 것은 껍질이 아니라
껍질과 알맹이를 잇는 하얀 실핏줄
귤의 내세까지 꼭 붙잡고 있는

어쩌면 나도 하얀 실핏줄이
나와 세상을 이어주고 있는 것은 아닐까
생각하다가 장바구니 펼친다
하얀 실핏줄 날 끌어당긴다

채소 가게 할아버지의 푸진 웃음
시린 손으로 바지락을 더 담아 주던
손끝의 온기가 내게로 온다

혼자라고 생각하다 귤을 깐다
그때야 환한 알맹이,
저 부드러운 속살을 지켜온
여린 것이 내게도 있었음을 알겠다

버렸지요, 당신

당신, 날
버렸지요

불빛 하나 없는 쓸쓸한 빈집에서
홀로 쓰러졌다가 일어서기를 반복하며
슬픈 짐승이 되었지요

달이 뜨면
언어의 심장을 파먹으며
허기를 달래다
다시 아침을 맞아야 하는 생을
동정했어요

슬픔은 상처에서 온다지요
상처밖에 없는 나는
빈털터리, 텅 빈
늦가을 같아요

낮달

먼 길을 돌아
낯선 곳으로 향하는 너에게
말해줄 게 있어

보이지 않아도
빛나지 않아도
고독한 시간을 선디며
희미하게 걷고 있는 낮달을 봐

어둠이 찾아오면 알게 될 거야
소리 내지 않고 걸어온 시간 속에서
은근한 기적을 만나게 될 거야

주목받지 못했어도
흔들림 없는 뻔한 시간이
누군가 낮달을 바라보게 했다는 것을

성자동 그 집

대문 앞에 커다란 이팝나무가 장승처럼 지키고 있던 집
하얀 쌀밥 같은 꽃이 피면 저절로 배가 부르던 집
아무것도 없는 남자와 아무것도 없는 여자가 살던 집
만삭의 여자가 백열등 아래서 시집을 읽던 집
잔인한 기다림을 너무 일찍 배워버린 집
가슴에 주먹만 한 설움이 치밀 때면
자꾸만 나를 끌어당기는 집
뒤돌아보면 돌기둥이 될 것만 같은, 성자동˚ 나의 신혼집

* 목포시 변두리.

허벅지를 꼬집다

출근길 차창 밖 가로수를 보았던가
언제 꽃이 피고 졌을까
눈 한번 마주친 적 없이
꽃은 피고 또 사라졌다

꽃 한번 쳐다볼 겨를 없이 지나왔구나
겨를 없이 산 것이 나였을까
나를 잊은 나였을까

생각의 허벅지를 꼬집는다
어쩌자고 나는
나와 나 사이에
이토록 깊은 절간을 세웠을까

맞다

버스가 온다
목포 - 해남 - 완도
다시 쳐다본다
목포 - 해남 - 완도
맞다

아무리 심각한 얘기라도
얼른, 밥 한술 뜨고 하라던
부러진 꿈의 손목을 감싸주고
너덜너덜해진 생의 옷깃을 여며주던

행선지가 바뀌어버린
엇갈린 시간을 다시 이어 붙이며
버스에 오른다

그래, 맞다
목포 - 해남 - 완도
내 고향으로 가는 버스가 맞다

그 섬의 허벅지가 곱다 3
- 귀가

아무리 수평선을 튕겨 보아도
섬은 떠오르지 않는다

아이는 기다림만
푹푹 떠먹다 잠이 들고
어둑해진 갯벌을
서둘러 빠져나오는
여자의 발자국마다
시퍼런 멍이 고인다

차마 마음을 두고 온 길은
길이 아니다

달려가 방문을 연다
방구석에 아이가 그려 놓고 잠든
탱화 한 점
바위만 한 어둠이 등을 짓눌러도
꿈쩍하지 않고 조개를 깐다

어머니, 물을 건너셨군요

저만치
이름 없는 섬이
가까워졌다 멀어집니다
어머니는 바구니를 이고
고무신을 손에 든 채 서 있습니다

물이 빠져 갯길이 드러나도
어머니는 건너지 못하십니다
발이 떨어지지 않아 주저앉습니다

애타게 나를 부르십니다
물새 떼가 날아오고,
거친 파도가 밀려옵니다

어머니의 바구니만 한
수련꽃이 둥둥 떠오릅니다
내 아랫배가 뻐근해 옵니다
자궁 속에서
하얀 수련꽃 한 송이 피어납니다

아침 한 그릇

아침이다, 살아 봐야겠다
국밥 한 그릇을 앞에 두고
아이들 숟가락 부딪치는 소리
즐겁다

으슬으슬한 바람 불어와
국밥은 싸늘하게 식어가고
복지 국밥집의 복지는 가고 없어도
마지막 숟가락을 달게 핥는다

끄윽 끄윽 바닥 긁는 소리
나를 향해 오는 눈물 소리
물 한 컵을 아껴 비우며
나는 창밖을
오래 바라보았다

다산, 라면을 끓이다

해남읍 군동면 다산초당 가는 길,
다산 찻집, 다산 슈퍼, 다산 여관, 다산 당구장
동네 건달들 이름도 다산이란다

귀한 양반네 호를
겨우 찻집이나 슈퍼 이름에 붙인다고
고개를 갸웃하는 사람도 있지만
나는 무릎을 친다
얼마나 다산다운 동네인가

목민심서가 찻집, 슈퍼, 여관에
꽂혀 있는 듯하다

허름한 시골 구멍가게 간판이 기우뚱 찌그러져
다산이 다사가 됐다가 어느 날 디신이 된들 또 어떠랴
허리가 몹시 굽은 다산이 끓여주는
라면 국물을 후루룩 마실 수 있다면

다산을 만난다는 건
살아 있는 다산을 만난다는 건
참 기막힌 행운

조용한 마음

동네 산책길
자그마한 풀잎 하나가
발등을 툭툭 건드리며 말을 건넵니다

기우뚱, 중심을 잃기라도 하면
까르르 웃느라
잎사귀 뒤집힙니다

이름조차 모르는 나에게
수줍게 말을 거는 작고 여린 것들
어찌 보면 의지할 곳 없는
외로운 세상에서 동거하는 처지인데
이름조차 모르는 내가 무심합니다

그제야 알았습니다
먼발치에서 바라보는
조용한 마음이 있다는 것을

3부

남겨진 온기는 어디에 두어야 할까

홍어 한 점

야야
처음엔 다들 손사래를 쳐야
그러다가 한 점, 두 점, 석 점 먹다 보면
아슴아슴 자꾸 생각난당께
입에 쩍 달라붙는 차진 맛에
쎗부닥까지 홀라당 넘어갈라,
콧구멍이 뻥 뚫리넌
복잡했던 머릿속까지 시원해져 부러
홍어 살 맛이 사는 맛 돌게 한당께
인생도 삭히다 보면
막힌 속 뻥 뚫리는 날이 올지도 몰라
아주 살맛 나는
그런 날이 올지도 몰라
어이, 홍어 한 점 해봐

2024 무정란의 봄

겨울이 알을 낳, 았, 다
누군가 소리친다
부화한 무정란의 봄은
거짓의 비린내를 풍기고
사람들은 꽝꽝한 어둠 위에 나뒹군다

티브이를 켠다 시장 좌판 여자는 내장을 긁어내고 마른 생선 곁에 누웠다 아랫집 청년은 인형 뽑기 기계 안에 쪼그려 앉아 이력서를 쓴다 겨울의 양수가 터지고 봄이 쏟아지는 꿈을 꾼다 개나리 빛깔의 옷을 입은 일기예보 진행자는 더듬거리며 봄을 이야기하고 자막에서 거짓말의 싹이 돋아난다 무정란의 봄. 일일연속극은 이어진다

능소화, 곡선에 기대어

대문 담장 위에
능소화가 피었다
지난해 가지치기를 했더니
올해는 꽃송이가 더 풍성하다

한껏 휘어진 가지는
부드러운 곡선을 그리며 늘어서 있나
장마도 폭염도
그저 지나가게 두고
온몸을 환하게 당겨
담장을 따라 부드럽게 흘러내린다

허공의 뜻을 거스르지 않고
유연하게 굽어질 줄 안다

한 사람이 다녀간 흔적

나를 알아보려 애쓰지 않는다
어쩌면 하루에 수십 번
날 지우는 연습을 하는지도 몰라

체크무늬 셔츠에 얼룩진 눈물을 바라보다
우산도 없이 걸어가는 날 외면하고
멀리 사라지는 너의 뒷모습이 떠올랐어

의미를 잃은 기호처럼 떠도는 우리
무엇이 이토록 너와 나 사이를
낯설게 만들었을까

먼지처럼 흩어질 듯한
너의 손을 잡는다
타인처럼 놀라 뿌리치는
너를 두고 돌아서는 길
세상은 여전히 무심하고 아름답다
저녁 산에 하얀 찔레꽃이
너의 웃음처럼 곱다
〈

사람은 가고, 사랑만 남았다

말없이 지나간 날

그날 밤
어머니는 항아리가 텅 비도록 술을 마셨다

아버지는 다음 날 아침이 돼서야 돌아왔다
학교 앞 솔숲에서
빗자루 귀신과 밤새도록 씨름하느라 늦었다고 했다

어머니는 말없이 아침상을 차렸다
밥 한 그릇을 다 비울 때까지
숟가락 소리만 들렸다

사랑하다 보면 아무 말 없이
지나가는 날도 있는 거라고 생각했다

즈음

흰머리 하나둘 늘어가는 즈음

무엇이 되려 하지 않고
무엇을 하려 하지 않는 즈음

게으른 달팽이처럼
느린 계절의 벽 밑을 맴도는 즈음

떠나야 할 시간이 다가오는 즈음

강물에 너를 묻고
나도 강물이 되어 흐르는 즈음

목화 씨앗

목화 씨앗 속에는
무명옷 한 벌 걸려 있습니다
박꽃처럼 하얀 허벅지에 실을 감고
씨줄과 날줄처럼 엇갈리는 세월을
말없이 짜내던 어머니

평생 옷 한 벌 지어 입지 않으시더니
목화꽃이 떨어지던 날
눈부시게 하얀 무명옷 한 벌
곱게 차려입고
먼 강을 건너십니다

가둘 수 없는 것

만질 때마다
손가락 사이로 빠져나가는 물처럼
평생 붙잡지 못할 무언가가 있다는 생각에
마음을 단단히 여민다

바람을 만질 때마다 보이지 않아도
분명하게 보이는 것이 있다는 생각에
살피고 또 살핀다

잡을 수도 없고 볼 수도 없는 마음이
어딘가에서 날 흔든다

사랑하더라도

사랑하더라도
길섶 작은 풀꽃과
눈 마주칠 줄 아는 사람을 사랑하겠네
여린 떨림 알아채고
조용히 길 비켜주는 사람

사랑하더라도
풋것까지 여물게 하는
사람을 사랑하겠네
서툴고 때론 흔들리는 헐렁한 생
팽팽히 당겨
먼 하늘로 날아오르게 하는

사랑하더라도
주저앉은 희망을 일으켜
서글픈 웃음 둥글게 굴러가게 하는
누군가의 마음속으로 굴러가
살며시 번지게 하는
그런 사람을 사랑하겠네

……그런데 나도 모르게

그저 내 옆에 있어 주는 사람
난, 그런 사람을
사랑하고 있었네

지금 무얼 하고 있을까

오래된 기억이 먼 시간을 더듬는다
압구정동 신사역 언덕을 오르면
출판사가 하나 있었지
화이트칼라 노동운동이 번져가던 때
출판사에 다니는 나도
노동자라고 가르쳐 주던
러시아어 번역가 그 선배,
아직도 출판사에서
화이트칼라 노동자로 일하고 있을까
먼지 수북한 지하 편집실에서
슬그머니 노동조합 가입 서류를 내밀던
이대 나온 언니는
위장취업에 성공했을까
소아마비 다리를 끌며
야근도 마다치 않던 신춘문예 출신
그 아이는 시인이 되었을까
파업에 앞장서다 감옥으로 끌려간
그 선배는 지금도 노동자 편일까
국회의원의 자서전 대필을 거부하다
지하 구석으로 밀려난 나는
종로에서, 여의도에서 최루탄 속을 헤매며

노동해방을 외쳤던 나는,

이제 목포에서
노동자였다는 사실도 까맣게 잊고
건강이나 취미, 재테크 이야기나 하면서
그저 그런 하루를 보내고

하얀 나비

햇살 가득한 정원의 오후
느린 바람을 타고
하얀 나비 한 마리 찾아왔다

할머니는 말씀하셨지
새봄에 하얀 나비를 먼저 보면
곁의 누군가
저승으로 이사 간다고

내 곁의 누군가가
나비처럼 훌훌 날아가 버린다면,

사랑하다 만 자리에
하얀 나비가 앉는다

어수선한 이승의 반나절은 상처뿐인데
이별하면
남겨진 온기는 어디에 두어야 할까
그리움의 흉터는 어떻게 지워야 할까
아무도 가르쳐 주지 않는 밤
하다 만 사랑을

다시 품에 안는다

이제 이별을 준비할 시간

다시 하루

만약에
엄마를 다시 만날 수 있다면
나는 아무 말 없이
손을 잡아보고 싶어요
거칠고 투박한 어머니의 시간을
가만히 위로하고 싶어요

만약에
단 하루 엄마랑 다시 살 수 있다면
아무 계획 없이 보내고 싶어요
시장길을 걷고
국을 끓여 밥을 먹고
다리 베개를 하고
곤하게 낮잠을 자고 싶어요

만약에, 정말 만약에
그런 날이 온다면
그날 이후의 그리움도
견딜 수 있어요

섬의 발을 씻긴다

파도가 무릎을 꿇고
섬의 발을 씻긴다
하얀 거품을 풀어
구석구석 깨끗이 닦아준다
바람이 잠잠해지면
바위의 발목을 꼭 붙잡고
밤새노톡 끝나지 않는 기도를 한다

아무리 생이 외로운 거라지만
기꺼이 밀려와
가장 낮은 자세로
지친 발끝을 감싸안으며
더러움을 씻겨주는
정결한 하얀 손

파도가 밀려올 때마다
섬의 가슴에 생살이 돋는다

갈증

물이, 구름을 바라보고 있었다
구름은 무심한 듯 흘러가지만
지나간 자리에 물이 고였다

물이 차오를수록
구름은 멀어졌다

아무도 없는 오후
물을 긷는 구름과 눈이 마주쳤다
목마르지 않아, 고개를 저었다

폐가에서

마루 끝에 쪼그려 앉아
심심한 오후를 기다리는 햇살
툇마루 아래 뒹구는 신발은
갈 곳을 잃었다

바싹 마른 들꽃 한 묶음을
던져 놓은 듯
쓸쓸한 정원에는
성대 잃은 새들만 깃을 친다

정겨웠던 시간은 삭아
여린 바람에도 툭툭 부러진다

나는 어쩌자고 월세를 내며
폐가에 살고 있을까

따뜻한 기척

봄의 젖가슴이 부풀었다
민들레, 참쑥, 제비꽃은 잘도 큰다

햇살은 들판을 뛰어다니며
흙의 귀때기를 잡아당겨 깨우더니

잠들어 있는
나를 흔든다

빛의 알갱이들이 창문을 두드린다
문을 열자
손끝을 타고 흐르는 따스함
심장 가장자리부터
온기가 스며든다

내 안의 겨울이 녹아내린다

고독한 소음

대문 여는 소리
스위치 켜는 소리
거실을 가로질러
안방으로 들어가는 지친 발자국 소리

옷 갈아입는 소리
세수하는 소리
티브이 소리
밥 먹는 소리
딸깍, 티브이 끄는 소리

자정이 넘어도
사람의 목소리는 들리지 않는다

힘없이 바닥에 떨어진 외투 같은
나의 하루

4부

지금은 스스로 익어가는 시간

기다림의 말

간절히 버텨낸
시간의 늑골에 눈물이 차오르면
무릎을 꿇을 줄도 알아야 한다고
세월은 일러주었다

연둣빛 새순조차
꽃이라고 믿으면
향기를 맡을 수 있다고
들꽃은 일러주었다

강물은
젖은 몸을 말린 후에야
바다로 걸어간다고
물결이 또박또박 일러주었다

온기가 필요해

지쳐 돌아오는 퇴근길
신은 눈보라 치는
겨울 한가운데
무심히 나를 세워 두었다

쉬어 가라
손목 끌어당기는
사람 하나 만나고 싶었다

차창 너머
꺼져가는 불빛들 사이로
하루가 흘러내린다

하얀 눈송이
고단한 내 어깨 위에 쌓인다
무겁다

조금만 더 견뎌보라던

그녀의 정원에는
오래 견딘 마음들이 산다

물컹한 한숨 안고
눈보라 속을 걸어온 동백
뼛속까지 시린 계절을 건너온 매화,
버틴 시간만큼
향기가 깊어진다고 속삭인다

모란은 꽃대를 밀어 올리며
조금만 더
견뎌보라 한다

빈 의자에 앉아 정원을
한참 동안 바라보고 있었다
대문 두드리는 소리
늦봄, 한 송이 도착했다

익어가는 시간

복숭아가 여물어간다
천둥과 번개, 비바람을 견딘 시간이
단물을 품게 했을 것이다

단물은 쓴물에서 온다

생의 입속이 씁쓸하다
기다리자
지금은 스스로 익어가는 시간

씻김굿

북소리 울리면
씻김의 긴 숨결이
진혼의 가락을 타고
하늘 위로 숨을 뱉는다

북소리가 기억을 데려왔다
나는 과서가 되어
시간의 저편에 잠긴다

말하지 못했던 말들
떠올리기만 해도 아픈 이름
차마 잠들지 못한 밤
아직 그곳에 머물러 떠도는
나의 넋을 천천히 씻겨 본다
이별의 길이 밝아진다

잠들기 전 세수를 한다
오늘을 씻겨 내일로 보낸다

맺힘

맺힘이라고 쓴다
어젯밤 부서진 너의 말이
흩어지지 않고 나를 찌른다

넝마 같은 시간의
모서리에 앉아 있는
명확하지 않은
어설픈 이별의 핑계들

쓰라린 감정의 혓바닥이
삼킬 듯 휘감는다
난 맺힘이라고 쓴다
끝났어도 끝나지 않았다
입안이 깔깔하다

생솔가지 타는 냄새

찰방,
그리움의 연골이
두레박 줄을 내리면
거친 어머니의 손이 물을 긷는다

가마솥의 물이 끓고
아궁이에서 생솔가지 타는 냄새가 난다

냄새를 벗겨본다
어머니의 어머니의
또 그 어머니의 고단한 하루가
연기처럼 피어오른다

매운 연기를 핑계 삼아
어머니는 아궁이 앞에
오래도록 앉아 있었다
저녁 해가 어머니의 등에 기댄다

나도
언제부터인가 그 옆에 앉아 있다

구용해아파트 308호

그곳을 지나칠 때마다
눈을 감는다, 구용해아파트 308호

올라가는 길도
내려오는 길도
앞이 보이지 않았다

아이를 재워 놓고
돈 벌러 나가야 하는 어린 엄마는
하루살이처럼 하루를 버텼다

절망은 습관이 되었고
벗어날 수도 죽을 수도 없는
생이 미웠다

희망은 대체
어디에 나를 흘려 놓았을까

부서지지 않는 기억의 집
지금도 그곳을 지나칠 때면
나는 뼈저리게 춥다

따뜻한 날이 왔어도
아직, 춥다

차마,

한 문장으로 모든 것을
말할 수 있을 줄 알았다
단, 한 문장이면 모든 게
끝날 줄 알았다

입술 끝에서 굳어버린 언어들
끝내 서술어를 찾지 못하고 흩어졌다

한 문장으로는
다 담을 수 없어
부위별로 꽁꽁 얼려둔 상처

온몸이 화장터가 되어도
태워버릴 수 없다

용서의 문장 구조는 깨졌다
쓰고 싶지 않은 꼿꼿한 손글씨

잊을 때 끝나는 것들

저녁해가 고하도 능선 아래로 굴러떨어진다
노을을 물어 나르는 붉은 바람
긴 기다림의 기억을 태운다

멀리 바다를 바라본다
내일이면 목포항이 마주 보이는
수평선 아래서 다시 해가 뜰 것이다
밤을 밀어내면
아침은 어김없이 온다
이 평범한 진리 앞에서
오래 기다려본 사람은 안다

기다린다는 사실을 잊어버렸을 때
기다림은 끝이 난다는 것을

파도에게 안부를 묻다

햇살은 눈 부시고
물결은 순했다
네가 처음 손을 흔들던 그날처럼

목포항
이름만 불러도
가슴속에서
물비늘이 반짝인다

뱃머리에 홀로 서서
오래도록 흔들던
그 가녀린 손목
그게 우리의 마지막 인사였다

목포항엔 지금도
이별을 기다리는 사람들이 있다
언제나처럼 배는 떠나고
마음만 남는다

등대 불빛만 또렷한 밤

끝내 돌아오지 않는 배를 기다리다
파도에게 너의 안부를 묻는다

연못 속 잉어 한 마리

연못 속의 잉어 한 마리
끊임없이 헤엄치며 하루를 산다

갇힌 물결 속에서
오늘도 몇 바퀴를 돌아야 할까

언젠가는 연못을 벗어나
폭포에 오를 수 있을까

잉어는 모른다

움직이지 않으면
물결은 일지 않는다는 것을
폭포에 오르면
강은 더 멀어진다는 것을

영혼의 물집

온몸의 지름길이 끊기는 것만 같아요

몇십 년을 담가 놓아도
쉽게 표백되지 않는
때 절은 슬픔

채 마르기도 선에
다시 껴입어야 하는
축축한 시간

영혼의 물집을 터트려야 할까요

물항아리

엄마를 가장 많이 닮은 막내 이모
어젯밤 꿈속에서 만났다

산그림자가 길게 드리워진
흙길 위로 막내 이모 걸어오신다
물동이를 이셨다
볏짚으로 엮은 똬리 끝을
입술로 살짝 깨물고는
빙그레 웃으신다

날 알아보셨다

마음에 물이 찰랑인다
오늘은 목마르지 않다

눈사람 같은 애인

그 좋은 사랑을
어떻게 한 사람하고만 할 수 있겠냐고

한 사람만 사랑하지 않는다고
난리 치는 드라마를 보면,
화가 난다는 선배 목소리가
너무도 당당하다

애인 없는 내가
결벽증 환자 같다는 선배는
눈사람 같은 애인 하나
품고 있으라 한다
흔적 없이 사라지더라도
온몸이 시리더라도
품고 있으라 한다
애인 하나쯤 있어야
시가 절로 나온다는데,

아무리 생각해도
나는 시인이 되기는 글렀다

풍등 켜는 밤

어스름 녘, 창밖이 환하다
누가 띄웠을까
한 무리의 하얀 풍등이
밤하늘을 날아간다

간절한 기도를 싣고 날아가는
빛의 배
짧고 찬란한 이 밤
작은 불씨 안에 담긴 말들은
하늘에 닿을 수 있을까

사랑한다는 말을
끝내 전하지 못한 밤
날아가지 못한 풍등 하나가
조용히 땅에 내려앉는다

마음이 닿지 않는 저 너머
별빛만 누군가의 이름을 부르고 있다

우이도 연가

우이도행 배를 기다리며
민어회 한 접시를 앞에 놓고
그녀는 담담한 목소리로 말했다

우이도에서는 태풍이 불면
어마어마한 파도가 산을 넘지

살다가, 외로움 끝에 도착하면
태풍 부는 날 바위 끝에 서 있기로 했어
파도가 돼서 저 산을 넘어갈 거야
아름답지 않아
내가 자연의 일부가 되는 일 말이야
보잘것없는 내가 자연이 된다는 건
대단한 기적이지

그녀는 아직
파도가 되지 못했다
나는 그녀 안의 바다가
궁금해졌다

슬픔도 고체가 되나요

어느 날
누군가 나를 밟고 지나갔어요
무의식마저 욱신거렸죠

슬픔은 서서히 굳기 시작했어요
딱딱해요
슬픔도 고체가 되나요

하지만 울지 않기로 했어요
살아오면서 나도 모르게
누군가를 밟고 지나간 적이
있을지도 모르니까요

길가 돌 틈 사이 피어난 제비꽃
누가 밟고 지나가도 울지 않아요
짓밟힌 채로 보랏빛 꽃송이를
아무 말 없이 피워올리는 것을 보아요

딱딱한 내 슬픔도
언젠가는 액체로 녹아내릴 수 있을까요

맑은 날

한낮, 햇빛이 마당을 뛰어다닌다
할머니는 저 아까운 걸 어쩌나 하시며
분주하시다
장독대 뚜껑을 열어 볕을 쪼이고
세간살이도 햇볕에 내놓으신다

항아리에 담아둘 수 있으면 좋겠어
필요할 때마다
한 바가지씩 퍼다 쓸 수 있으면 좋겠어

고슬고슬한 햇살이
할머니의 일손을 거든다
바싹 마른 고추가 몸을 뒤집는다

∞해 설

보이지 않는 것들을 바라보는
두 가지 방법

황정산(시인, 문학평론가)

1. 들어가며 : 진실은 숨어 있다

홍상수 영화의 큰 특징 중 하나는 보이지 않던 것을 보여준다는 것이다. 그는 서사를 이끌어가는 중요한 사건을 보여주는 대신 프레이밍이나 줌을 통해 일상 속 미세한 진실을 떠오르게 만들어, 보이지 않던 사실들을 비춰주고 그것들을 통해 감정의 흐름이나 미묘한 권력관계를 관객의 눈앞에 가시화한다. 그렇게 해서 우리가 얼마나 많은 것들을 보지 않고 은폐해 왔는가를 깨닫게 만든다.

정경이 시인의 시들 역시 우리가 보지 못했던 것들을 보여준다. 하지만 홍상수가 냉소적인 시각으로 보여준다면 정경이 시인은 따뜻한 손길로 우리의 시선을 이끈다. 정경이의 시는 정면을 비켜선 시선으로 시작한다. "등은 뭉클하다/굴곡진 문장들이 새겨져 있다"(「뒷모습에 대한 변주」)에서 등은 얼굴의 반대편이다. 그것을 보고 쉽게 표정을 읽을 수 없고 또 말을 걸 수도 없다. 시인은 그 비가시적인 면에 새겨진 "굴곡진 문장들"을 더듬는다. 보이는 전면의 표정보다 보이지 않는 후면의 굴곡에서 진실이 빛난다는 직감은 "진실은 언제나 등 뒤에서 빛난다"는 구절에서 잘 드러난다. 이는 이 시집 전체를 관통하는 사유이자 미학이다. 이때 빛남은 현란한 조명보다도, 오랜 노동과 삶의 무게가 만든 굽은 "생의 등뼈"의 "곡선"처럼, 시간을 통과한 흔들림에서 나온 발광이다. 정경이 시인의 시들은 바로 그 보이지 않았거나, 사람들이 못 본 척하는 것들, 사소하고 미세한 것들로부터 세계의 깊이를 복원한다.

  진실이 숨는 장소는 멀리 있지 않다. "이른 새벽 대문을 나서는 여인의 등허리"와 "밥을 짓고 설거지를 하는… 몹시 굽은, 고단한 등허리" 같은 생활의 단면들이 그렇다. 또 다른 장소는 애도와 기도다. "찬란하게 사랑하다/흐트러짐 없이/툭," 떨어지는 「동백꽃」의 "빨간 십자가" 앞에서, 시인은 생의 한순간이자 영원의 자세를 '엎드림'으로 번역한다. 보이는 꽃의 화려함은 이내 썩어 문드러지는 뒤쪽의 시간과 맞물릴 때 비로소 기도가 된다. 이렇듯 시집은 앞과 뒤, 밝음과 어둠, 붙듦과 놓, 정주와 유랑, 소유와 결핍 사이의 간극에서 보이지 않는 것들을 끈기 있게 끌어올린다.

2. 거리와 그리움의 미학 : 간격을 감지하는 사랑의 기술

정경이 시인의 시들에 있어 사랑은 붙잡는 기술이 아니라 간격을 가꾸는 기술이다. 「간격」이라는 시가 이를 잘 말해주고 있다.

    네가 보고 싶을 때면
    나는 바다로 간다
    지느러미를 흔들며
    그리움이 내게로 온다
    바다 기슭에 몸을 부딪치며
    달려온 너의 길은
    얼마나 쓰리고 아팠을까
    그 길 따라 바람이 불고 비가 내린다

    바다의 눈시울 붉게 물들고
    어둠이 파도를 덮치면
    끝내 숨길 수 없는 거친 기침 소리
    앓아누운 마음을 달래며
    난 또 떠나야 한다
    〈

저만치 있는 그대

먼 곳에 있어 그리운

- 「간격」 전문

  이 시는 '간격'을 단순한 떨어짐이 아니라 관계를 성립시키는 미적 조건으로 제시한다. 화자는 "네가 보고 싶을 때면/나는 바다로 간다"라는 구절에서처럼 너에게 곧장 도착하지 않고 바다라는 매개를 경유한다. 곧바로 만남을 택하지 않는 이 우회가 바로 거리두기의 미학이다. 바다는 두 존재를 가르는 틈이자, 그 틈을 공명시키는 장, 즉 "지느러미"와 "기슭"이라는 이종異種의 신체가 맞부딪칠 때, 욕망은 충족이 아닌 진동으로 형상화된다. "몸을 부딪치며/달려온 너의 길"은 밀착의 순간을 노래하는 듯하지만, 곧 "얼마나 쓰리고 아팠을까"라는 물음으로 거리를 복원한다. 타자를 소유하지 않고 타자에 감응하는 이 윤리적 거리, 그 간격 속에서만 상대의 고통을 상상하고 그에 대한 배려가 발생한다.

  마지막 행 "저만치 있는 그대/먼 곳에 있어 그리운"은 이 시가 구축한 간격의 역설을 응축해 보여준다. 멀리 있기에 그립고, 그리움이 있기에 관계는 사라지지 않는다. 이 시의 감동은 가까움의 달성보다, 다가섬과 물러섬의 호흡을 조율하는 간격의 문법에서 발생한다. 바다는 둘을 떼어 놓는

장벽이면서 동시에 서로의 온도를 전하는 공명판이다. 시는 그 공명 사이, 닿을 듯 말 듯한 파도의 리듬 속에서 타자를 보존하는 사랑의 형식을 보여준다. 시인은 이를 통해 거리두기를 배제가 아닌 사랑의 미학으로, 부재를 결핍이 아닌 지속의 조건으로 바꾸어내고 있다.

「한 사람이 다녀간 흔적」에서도 사랑은 밀착이 아니라 흔적을 더듬는 민감한 촉수로 측정된다.

>나를 알아보려 애쓰지 않는다
>어쩌면 하루에 수십 번
>날 지우는 연습을 하는지도 몰라
>
>체크무늬 셔츠에 얼룩진 눈물을 바라보다
>우산도 없이 걸어가는 날 외면하고
>멀리 사라지는 너의 뒷모습이 떠올랐어
>
>의미를 잃은 기호처럼 떠도는 우리
>무엇이 이토록 너와 나 사이를
>낯설게 만들었을까
>
>먼지처럼 흩어질 듯한
>너의 손을 잡는다

> 타인처럼 놀라 뿌리치는
>
> 너를 두고 돌아서는 길
>
> 세상은 여전히 무심하고 아름답다
>
> 저녁 산에 하얀 찔레꽃이
>
> 너의 웃음처럼 곱다
>
> 사람은 가고, 사랑만 남았다
>
>   -「한 사람이 다녀간 흔적」전문

 이 시는 "간격의 발견"을 사랑의 시작으로 선언한다. 시의 화자는 "나를 알아보려 애쓰지 않는다"는 자각에서 출발한다. 상대가 자신의 표정을 읽어주지도, 서사를 확인해주지도 않는 자리, 그 무심함이 곧 둘 사이의 거리를 실감하게 만든다. 그런데 시는 그 거리를 결핍으로만 규정하지 않는다. 체크무늬 셔츠의 얼룩, 우산 없이 걸어가는 화자, "멀리 사라지는… 뒷모습" 같은 구체적 표정을 통해, 가까움의 실패가 아니라 타자의 독립성을 보존하려는 배려에서 화자는 사랑의 다른 모습을 발견한다.

 "의미를 잃은 기호처럼 떠도는 우리" 사이에서 화자는 "먼지처럼 흩어질 듯한/너의 손을 잡"지만, 그 순간 "타인처럼 놀라 뿌리치는" 반사신경을 존중하며 "돌아서는 길"의 풍경을 본다. 이 장면 직후 "세상은 여전히 무심하고 아

름답다/저녁 산에 하얀 찔레꽃이/너의 웃음처럼 곱다"에서처럼 타자의 부재는 곧 사물의 밝기, 자연의 결로 번역된다. 붙드는 대신 번지게 하는 사랑, 그래서 "사람은 가고, 사랑만 남았다"는 문장은 애도의 단언이 아니라 간격의 발견이다. 사랑은 결국 소유를 잃고 여운처럼 번지는 빛으로 남는다. 그러므로 이 시의 사랑은 붙잡기의 성공이 아니라, 놓아주기와 돌아섬의 아름다움에서 성립한다.

형식적으로도 이 시는 간격의 미학을 보여주고 있다. 짧은 행들이 호흡을 끊어 놓으며 다가섬과 멈춤을 반복하고, 장면 전환, 이를테면 셔츠의 얼룩에서 떠나는 사람의 뒷모습으로 다시 손의 접촉에서 산과 찔레꽃을 보여주는 이미지의 전환은 카메라의 줌인·줌아웃처럼 원근을 조절한다. 이를 통해 이 시는 접촉의 순간에 집중하기보다는 오히려 접촉에 실패하고, 그 실패를 인정하고, 그 실패의 간극에서 세계의 무심한 아름다움까지 보게 되는 시선의 성숙을 기록한다.

이런 헤어짐과 사랑의 변증법은 표제작이기도 한 다음 시에서 아주 아름다운 이미지로 잘 표현되어 있다.

> 햇살 가득한 정원의 오후
>
> 느린 바람을 타고
>
> 하얀 나비 한 마리 찾아왔다

〈

할머니는 말씀하셨지

새봄에 하얀 나비를 먼저 보면

곁의 누군가

저승으로 이사 간다고

내 곁의 누군가가

나비처럼 훌훌 날아가 버린다면,

사랑하다 만 자리에

하얀 나비가 앉는다

어수선한 이승의 반나절은 상처뿐인데

이별하면

남겨진 온기는 어디에 두어야 할까

그리움의 흉터는 어떻게 지워야 할까

아무도 가르쳐 주지 않는 밤

하다 만 사랑을

다시 품에 안는다

이제 이별을 준비할 시간

-「하얀 나비」 전문

이 시는 하얀 나비의 민속적 상징을 사랑의 변증법으로 전환한다. "새봄에 하얀 나비를 먼저 보면/곁의 누군가/저승으로 이사 간다"는 예언은 죽음의 예감이며 동시에 사랑의 실험대다. 화자는 그 징표를 억지로 부정하지 않고, "내 곁의 누군가가/나비처럼 훌훌 날아가 버린다면,"이라고 가정을 현실화한다. 부재를 상정하는 이 한 걸음의 거리두기가 곧 사랑의 윤리다. 붙들기 이전에 떠남을 인정하고, 상실의 가능성을 끌어안는 태도에서 성숙한 애도의 형식이 시작된다.

이렇게 봤을 때 마지막 구절 "이제 이별을 준비할 시간"은 체념이 아니라 사랑의 기술이다. 준비한다는 말은 떠남을 앞세워 현재를 더 정확히 돌보겠다는 결의다. 하얀 나비는 불길한 징조를 넘어, 사랑을 소멸시키는 것이 아닌 다른 형식으로 사랑을 옮겨 적는 매개가 된다. 보이는 곁에서 보이지 않는 곳으로, 접촉의 뜨거움에서 기억의 온기로 사랑은 남는다. 그러므로 이 시가 가르치는 변증법은 단순한 대립의 합이 아니다. 만남과 이별, 소유와 놓아줌이 서로를 견인하며 미완의 지속이라는 제3의 상태로 도달한다. 거리를 둠으로써 관계를 지키고, 떠남을 예비함으로써 지금의 온기를 식지 않게 유지한다. 이별을 배움의 형식으로 승격시킨 점, 그 배움의 자리에서 사랑을 연소가 아니라 보존의 기술로 다시 사유한 점이 이 시의 미덕이다.

다음 시 「사랑하더라도」는 그 사랑의 윤리를 좀 더 명확하게 명시한다.

사랑하더라도
길섶 작은 풀꽃과
눈 마주칠 줄 아는 사람을 사랑하겠네
여린 떨림 알아채고
조용히 길 비켜주는 사람

사랑하더라도
풋것까지 여물게 하는
사람을 사랑하겠네
서툴고 때론 흔들리는 헐렁한 생
팽팽히 당겨
먼 하늘로 날아오르게 하는

- 「사랑하더라도」 부분

"길섶 작은 풀꽃과/눈 마주칠 줄 아는 사람", 시인이 요구하는 사랑의 자격은 대단한 서사나 육체의 격정이 아니라 미세한 떨림에 반응하는 눈이다. 또한 "풋것까지 여물게 하"여 멀리 떠나보낼 수 있는 여유와 자유로움이다. 사랑을 소유로 여기지 않고 타자의 자리를 인정하고 그 타자의 꿈과 희망을 응원할 수 있는 배려의 윤리가 바로 사랑이라는 것이다. 너무 가깝지도 너무 멀지도 않은, 서로를 상하게 하지 않는 간격, 이것이 정경이 시들이 보여주는 사랑법이다.

3. 정주와 유랑 사이 : 떠나야 보이는 것들

인간은 영토를 구획하고 집을 지어 정주를 통해 삶의 안정을 회구해 왔다. 하지만 또 한 편 이 정주의 구속에서 끊임없이 탈영토화를 꿈꾸며 새로운 세상을 만들어 오기도 했다. 이 두 가지의 지향이 길항하면서 지금의 문명을 만들었다고 해도 과언은 아니다. 정경이 시인의 시들에서도 이 정주와 유랑은 서로를 견인한다. 다음 시 「집」은 정주에 대한 회구와 유랑의 운명을 노래한다.

>누에는
>겨우 열흘 살다 버릴 집을
>창자에서 실을 뽑아 짓는다지요
>
>제비는
>여섯 달 머물다 떠날 집을

목이 찢어지도록 침을 모아 짓는다지요

사랑의 집 한 채 지어보지 못한 나는
마음의 창자에서
그리움 한 가닥 뽑지 못하고
심장에 촛불 하나 켜지 못하고

정처 없이
집도 없이

떠돌고 있네요

-「집」전문

집은 정주를 보장하는 가장 확실한 거처이다. 그래서 모든 생명 있는 것들은 이 집을 만들려고 노력한다. "누에는/겨우 열흘 살다 버릴 집을/창자에서 실을 뽑아 짓"고, "제비는/여섯 달 머물다 떠날 집을/목이 찢어지도록 침을 모아 짓"는다는 서술이 이를 아주 잘 말해주고 있다. 하지만 이 시의 화자는 "사랑의 집 한 채 지어보지 못"하고 "정처 없이/집도 없이//떠돌고 있"다. 하지만 이는 체념이나 한탄을 통한 자기연민이 아니다. 집을 포기하거나 집을 버리고 떠나야 할 시인으로서의 자신의 운명에 대한 자각이다. 이 시에서 집 없음은 삶의 실패가 아니라 새로운 감수성, 즉 유랑의 이끌림을 어쩔 수 없이 감내해야 하는 시인으로서의 자기 정체성의 선언이기도 하다.

  유랑하는 자의 모습은 섬에 관한 시들에서 선명하게 그려져 있다.

    붉은 닻을 빠뜨리고 나서야
    어둠은 정박한다

    허리가 심하게 굽은 작은 섬
    웅크린 채 밥을 먹고, 티브이를 본다
    막막한 나날들은 혼자서 늙어간다

    파도 소리 마루에 올라와
    방문을 두드리면
    뒤척이는 잠의 손목을 잡고
    오래된 시간의 바닷가를 거닌다

    두고 떠난 마음이 말을 걸면
    봄날의 기억이 옷고름을 푼다

    쓸쓸한 눈물 철퍼덕 떨어지고

섬의 발뒤꿈치에서 지느러미가 자란다

그리움에게로 헤엄쳐가는

그 섬의 허벅지가 곱다

- 「그 섬의 허벅지가 곱다 2」 전문

　이 시는 머묾과 떠남, 정주와 유랑 사이의 심리적 연결 고리를 닻→집→파도→지느러미로 이어지는 변신의 연쇄로 보여준다. 첫 구절 "붉은 닻을 빠뜨리고 나서야/어둠은 정박한다"에서 닻은 머무름의 의지이며 의식적 행위다. 어둠이 저절로 깔리는 것이 아니라, 닻을 내려야 비로소 자리를 잡는다. 즉 머묾은 수동적 굳어짐이 아니라 능동적 선택이다. 이어 "허리가 심하게 굽은 작은 섬/웅크린 채 밥을 먹고, 티브이를 본다"는 장면은 그 선택의 일상적 몸짓을 그린다. 그러나 "막막한 나날들은 혼자서 늙어간다"는 진술은, 정박하는 삶이 주는 평형 속에도 고립과 침잠이 서서히 스며듦을 알린다. 머물기로 한 결정은 안정을 낳지만, 그 안정은 곧 어둠의 정박과 맞닿아 있다.

　마지막 연에서 이 시의 시상이 깊어진다. "섬의 발뒤꿈치에서 지느러미가 자란다/그리움에게로 헤엄쳐가는/그 섬의 허벅지가 곱다."는 구절에서 닻을 내려 머물던 섬의 발이 지느러미로 바뀌는 변태變態가 일어난다. 이는 머묾의 끝이 아니라 머묾에서 길어 올린 새로운 움직임이다. 특히 "그리움에게로 헤엄쳐가는"이라는 방향 설정이 중요하다. 그리움은 단순한 결핍의 블랙홀이 아니라, 몸을 움직이게 하는 목적지이자 매개이다. 닻을 내린 뒤에 생기는 정주의 시간은, 결국 그리움의 좌표를 더 명확히 하는 준비 시간이었고, 지느러미는 그 좌표를 향해 나아가기 위해 생겨난 생리적 상상력이다. 그러니 유랑은 방황이 아니다. 그리움이라는 항로를 갖춘 유영이다.

결국, 이 시는 "정박"이 삶의 종착이 아니라, 움직임을 준비하는 기술이라 말하고 있다. 닻을 내림으로써 우리는 현재라는 수면에 고정되고, 그 고정은 과거와 현재를 잇는 감각을 또렷하게 만든다. 그 감각의 응결이 눈물이고, 그 응결이 풀리며 지느러미가 돋는다. 그리고 몸은 "그리움에게로" 헤엄쳐 간다. 떠남과 머묾, 정주와 유랑은 대립항이 아니라 서로의 전제다. 닻을 내리는 일이 있어야, 바다는 마음속에서 길이 된다. 정박한 어둠에서 길러낸 지느러미를 통해 관계를 지키는 방향으로 나아가려는 몸의 결심이 아름답다. 이것이 "섬의 허벅지가 곱다"라고 말할 수 있는 이유이다.

또한, 시인은 떠남의 시간을 '낮달'의 이미지로 보여준다.

먼 길을 돌아
낯선 곳으로 향하는 너에게

말해줄 게 있어

보이지 않아도
빛나지 않아도
고독한 시간을 견디며
희미하게 걷고 있는 낮달을 봐

어둠이 찾아오면 알게 될 거야
소리 내지 않고 걸어온 시간 속에서
은근한 기적을 만나게 될 거야

주목받지 못했어도
흔들림 없는 뻔한 시간이
누군가 낮달을 바라보게 했다는 것을

- 「낮달」 전문

 출발의 장면은 "낯선 곳으로 향하는 너"라는 호칭으로 제시되지만, 시선은 곧 하늘의 "낮달"로 옮겨간다. 낮달은 낮이라는 밝음 속에서 희미하게 존재하는 달, 즉 가장 잘 보이는 시간에 가장 잘 보이지 않는 존재다. 이 역설적 이미지가 시 전편의 사유를 이끈다. 즉 떠남은 눈부신 표식이나 도취가 아니라, "고독한 시간을 견디며/희미하게 걷고" 축적된 내면의 리듬을 낯선 장소로 옮겨가는 일이다.

  마지막 연에서 시는 심미적 기준을 바꿔 놓는다. "주목받지 못했어도/흔들림 없는 뻔한 시간"을 높이 평가하는 까닭은 그 시간이 "누군가 낮달을 바라보게 했"기 때문이다. 여기서 가치는 성취가 아니라 감응의 밀도로 측정된다. 내가 걸어온 시간이 타인의 시선을 하늘로 들어 올리게 만들었다면, 그것이 바로 관계의 증여이며 떠남의 윤리적 근거다. 떠나는 너는 홀로가 아니게 된다. 낮달을 본 또 다른 누군가의 목격이 너의 고독을 이어받고, 그 이어받음이 새로운 정주의 발판이 된다.

  따라서 이 시가 제안하는 떠남의 의미는 단순한 이주나 과감한 결단이 아니다. 정주에서 배운 무음無音의 시간, 흔들림 속에서도 유지된 보폭, 보이지 않는 곳에서의 경험의 축적을 낯선 곳으로 옮겨가는 일이다. 유랑의 긴장은 정주와 대립하지 않는다. 정주는 유랑의 에너지 저장고이며, 유랑은 정주가 자기 의미를 재확인하는 시험대다. 낮달은 그 두 세계를 잇는 상징이며, 중심이 아닌 가장자리에서 조용히 방향을 보증하는, "은근한 기적"의 등불이다. 그래서 떠남은 또 하나의 정주가 되고, 정주는 다음 유랑의 바탕이 된다.

4. 붙들림보다 번짐 : 절제, 여백의 미학

정경이 시인의 시에는 쉼표가 효과적으로 쓰이고 있다. 예를 들어 「동백꽃」의 첫 연 "찬란하게 사랑하다/흐트러짐 없이/툭,"에서 "툭" 다음의 쉼표 하나는 꽃의 추락을 느린 슬로모션으로 바꾼다. 그것은 단순한 장식이 아니라 초점의 이행을 돕는 장치다. 화려함에서 떨어져 엎드림으로, 생에서 기도로, 이미지의 전면에서 그 뒷면으로. 절제된 서술은 사물의 내부 온도와 그 번짐을 오래 유지하게 한다.

이런 절제의 미학은 다음 시에서 섬세하면서도 선명한 이미지로 활짝 피어난다.

봄밤

달빛을 깨문 밤 벚꽃

애간장 녹아내리도록 곱다

노적봉에서 일주도로를 따라 걷는다

꽃내음 은은하다

천천히 걸어볼까,

밤을 새도 좋겠다

기다리는 애인과의 약속조차

새하얗게 잊은 채

혼자 걷는다

밤 벚꽃잎이 사르르

발등에 떨어진다

어,

혼자가 아니었네

- 「유달산 밤 벚꽃」 전문

 이 시의 힘은 덜 말하기에서 나온다. 서정적 과잉을 꾹 눌러 놓고, 감각과 말 사이에 넓은 여백을 마련해 독자가 스스로 채우게 한다. 먼저 어휘. 진한 감정을 나타내는 형용사를 피하고 "곱다/은은하다/천천히/사르르"처럼 낮은 채도의 형용사·의성어로만 감정을 표현한다. 절정의 봄밤을 "애간장 녹아내리도록 곱다" 딱 한 번으로 강조하고 멈춘다. 과장 대신 억눌림이 남고, 그 억눌림이 독자의 체온으로 데워진다.

 행갈이와 리듬도 절제의 미학을 돕는다. "천천히 걸어볼까,/밤을 새도 좋겠다"에서 쉼표와 단행이 만들어내는 느린 보폭은 실제 걷는 속도를 재현한다. "노적봉에서 일주도로"라는 길의 동선만을 간단히 적고 풍경 묘사는 생략한다. 배경을 덜어낸 만큼 풍경을 채우는 공기는 두툼해지고, 그 공백을 독자의 기억 속 봄밤들이 채운다.

　이러한 공백을 미세한 감각을 불러온다. "밤 벚꽃잎이 사르르/발등에 떨어진다"는 촉각이 감지하는 아주 가벼운 사건 하나만 제시하지만 이어지는 "어,"하는 섬세한 감탄사 하나로 화자의 내면 변화를 섬세하게 전부 표현해 준다. 웅변 대신 한 글자의 숨. 그 뒤 "혼자가 아니었네"라는 짧은 종결이 시에 반전을 선사한다. 동행자는 애인이 아니라, 밤과 바람, 벚꽃, 혹은 그를 감싸던 세계 전체다. 절제된 서술이 만들어 낸 여백 덕에, 독자는 동행의 정체를 함께 느낄 수 있게 된다.

　이런 여백의 미학은 상실과 애도의 문법에서도 빛난다. 「하얀 나비」에서 "새봄에 하얀 나비를 먼저 보면/곁의 누군가/저승으로 이사 간다"는 미신은 죽음의 통속적 공포를 "하다 만 사랑"을 다시 품게 하는 실천으로 전환한다. "아무도 가르쳐 주지 않는 밤"에 시인은 문장을 늘리지 않는다. 대신 묻는다. "이별하면/남겨진 온기는 어디에 두어야 할까." 그때 「씻김굿」의 장면이 이어진다. "북소리"가 "기억을 데려오"고, "말하지 못했던 말들"과 "떠올리기만 해도 아픈 이름"을 씻겨 내는 느린 호흡. 애도는 화려한 문장으로 풀리지 않는다. 여백과 반복, 점층과 퇴각, 호흡과 침묵, 그 리듬이 상처의 결을 천천히 풀어 준다.

　그러나 절제는 결코 무기력과 동일하지 않다. 「허벅지

를 꼬집다」에서 시인은 "나와 나 사이에/이토록 깊은 절간"을 세운 자신을 자각하며, 그 감각의 둔함을 꼬집기라는 자기 통증으로 깨운다. 절제는 느끼지 않기 위한 방패가 아니라, 더 바르게 느끼기 위한 수련이다. 이 수련의 마지막에 「맷힘」과 「차마,」가 놓인다.

> 맷힘이라고 쓴다
> 어젯밤 부서진 너의 말이
> 흩어지지 않고 나를 찌른다
>
> …중략…
>
> 난 맷힘이라고 쓴다
> 끝났어도 끝나지 않았다
> 입안이 깔깔하다
>
> — 「맷힘」 부분

> 한 문장으로 모든 것을
> 말할 수 있을 줄 알았다
> 단, 한 문장이면 모든 게
> 끝날 줄 알았다
> 〈

…중략…

한 문장으로는

다 담을 수 없어

부위별로 꽁꽁 얼려둔 상처

- 「차마,」 부분

"끝났어도 끝나지 않았다"는 심리적 잔유물을 괄호에 넣는 대신 명사형의 정확한 개념어 "맺힘"으로 적어두고 그것으로 자신의 모든 감정과 회한과 상처의 아픔을 모두 담는다. 그래서 이 간단한 단어는 빅뱅처럼 여백으로 퍼져나가 화자의 감정을 확산한다. 절제된 표현이 더 큰 정서적 반향을 일으키는 아이러니를 느낄 수 있게 하는 단어이다. 마찬가지로 "한 문장으로는/다 담을 수 없어" 부위별로 냉동해 둔 상처의 서랍을 확인하고 그때 말할 수 있는 한 단어가 "차마"이다. "차마" 다음에 찍힌 쉼표는 이 단어가 얼마나 많은 고통과 아픔을 담고 있는지를 함축적으로 말해준다.

5. 맺으며 : 보이지 않음의 윤리, 작은 것들의 우주

이 시집 『아무도 가르쳐 주지 않는 밤』은 거창한 서사를 들려주지 않는다. 대신 작은 사물과 보잘것없는 일상의 소리, 뒷모습과 여백, 간격과 결의 지속으로 세계의 온도를 되살린다. "봄밤/달빛을 깨문 밤 벚꽃"의 반짝임은 그 자체의 화려함이 아니라, "어/혼자가 아니었네"라는 늦은 자각으로 완성된다. "빨간 십자가"로 누운 동백은 죽음의 잔혹함이 아니라 기도의 따뜻함으로 번역된다.

이 시십에서 밤은 종말론적 암흑이 아니다. "잠들기 전 세수를 하"듯, 오늘을 "씻겨 내일로 보"내는 정결한 시간의 비유이다. 그 시간에 우리는 배운다. 붙잡기보다 번지게 하는 사랑, 정주를 꿈꾸되 유랑으로 감각을 깨우는 생활, 말의 힘을 줄여 침묵의 반짝임을 키우는 문장, 그렇게 보이지 않는 것들을 바라보는 방법을 배운다. 이러한 바라보기의 방법은 아련한 기억을 떠올리고 소박한 소망과 사라져간 희망을 다시 불러온다.

> 한낮, 햇빛이 마당을 뛰어다닌다
> 할머니는 저 아까운 걸 어쩌나 하시며
> 분주하시다
> 장독대 뚜껑을 열어 볕을 쪼이고

세간살이도 햇볕에 내놓으신

　　…중략…

　　고슬고슬한 햇살이

　　할머니의 일손을 거든다

　　바싹 마른 고추가 몸을 뒤집는다

　　　　　　　　　　　　　-「맑은 날」부분

　이 시에서 희망은 거창한 약속이 아니라 "햇빛"을 잘 아끼고 돌보는 일상의 기술로 나타난다. 그리고 그것은 보이지 않는 것을 보는 시인의 눈이 있어 발견된다. 할머니에게 햇빛은 "저 아까운 걸 어쩌나" 하는 말에서 알 수 있듯 단순한 자연현상이 아니라 삶을 지탱하는 자원이다. 시인은 그 햇빛을 "한낮, 햇빛이 마당을 뛰어다닌다"고 표현하여 할머니와 함께 이 햇빛의 힘과 희망을 발견한다. 어쩌면 "할머니의 일손을 거든" "고슬고슬한 햇살"은 이 시집이 우리에게 건네는 시의 효용에 대한 은유이기도 하다. 이 시집을 읽는 동안 할머니의 장독대 항아리에 햇빛이 가득 들고, 세간살이도 잘 말랐을 것이다. 그리하여 "바싹 마른 고추가 몸을 뒤집는다"는 표현에서처럼 마른 것, 이미 소진된 것처럼 보이던 대상이 햇살을 받아 스스로를 뒤집는 작은 기적이 일어남을 볼 수 있게 된다. 이 능동형 전환은 희망의 핵심이다. 미세한 삶을 결을 돌아보고 안 보이던 것을 다시 볼 때 거기에 희망의 햇빛이 다시 비춰들 것이다.

상상인 시인선 *093*

아무도
가르쳐 주지
않는 밤

지은이 정경이

초판인쇄 2025년 11월 4일 **초판발행** 2025년 11월 10일

펴낸곳 도서출판 상상인 **편집주간** 황정산 **펴낸이** 진혜진

표지디자인 최혜원 **기획·마케팅** 전은빈 최유림 노혜림 정현수

책임교정 오 늘 **편집** 세종PNP

등록번호 제572-96-00959호 **등록일자** 2019년 6월 25일

주소 06621 서울시 서초구 서초대로74길 29, 904호

전화번호 02-747-1367, 010-7371-1871

팩스 02-747-1877 **전자우편** ssaangin@hanmail.net

ISBN 979-11-7490-023-4 (03810)

값 12,000원

* 이 책은 전라남도, (재)전라남도문화재단의 후원을 받아 발간되었습니다.

* 이 책은 전부 또는 일부 내용을 재사용하려면 반드시 저작권자와 도서출판 상상인의 동의를 받아야 합니다.

* 이 도서의 국립중앙도서관 출판시도서목록(CIP)은 서지정보유통지원시스템 홈페이지(http://seoji.nl.go.kr)와 국가자료공동목록시스템(http://www.nl.go.kr/kolisnet)에서 이용하실 수 있습니다.